·天才小传记·

路易·巴斯德

[意] 伊莎贝尔·穆尼奥斯 著
孙萍 译

北京出版集团
北京美术摄影出版社

WS White Star Publishers® is a registered trademark property of White Star s.r.l.
The Original Title: Louis Pasteur
© 2020 White Star s.r.l.
Piazzale Luigi Cadorna, 6
20123 Milan, Italy
www.whitestar.it

图书在版编目（CIP）数据

路易·巴斯德 /（意）伊莎贝尔·穆尼奥斯著；孙萍译. — 北京：北京美术摄影出版社，2022.8
（天才小传记）
书名原文：Louis Pasteur
ISBN 978-7-5592-0470-7

Ⅰ. ①路… Ⅱ. ①伊… ②孙… Ⅲ. ①巴斯德（Pasteur, Louis 1822-1895）—传记—儿童读物 Ⅳ. ① K835.656.15-49

中国版本图书馆CIP数据核字（2022）第011455号
北京市版权局著作权合同登记号：01-2021-5501

责任编辑：王心源
执行编辑：刘舒甜
责任印制：彭军芳

天才小传记

路易·巴斯德

LUYI · BASIDE

[意] 伊莎贝尔·穆尼奥斯　著
孙萍　译

出　版	北京出版集团 北京美术摄影出版社
地　址	北京北三环中路 6 号
邮　编	100120
网　址	www.bph.com.cn
总发行	北京出版集团
发　行	京版北美（北京）文化艺术传媒有限公司
经　销	新华书店
印　刷	北京华联印刷有限公司
版印次	2022 年 8 月第 1 版第 1 次印刷
开　本	787 毫米 ×1092 毫米　1/16
印　张	2.75
字　数	12 千字
书　号	ISBN 978-7-5592-0470-7
审图号	GS（2021）8089 号
定　价	29.80 元

如有印装质量问题，由本社负责调换
质量监督电话　010-58572393
注：本书插图系原书原图

The life of Louis Pasteur

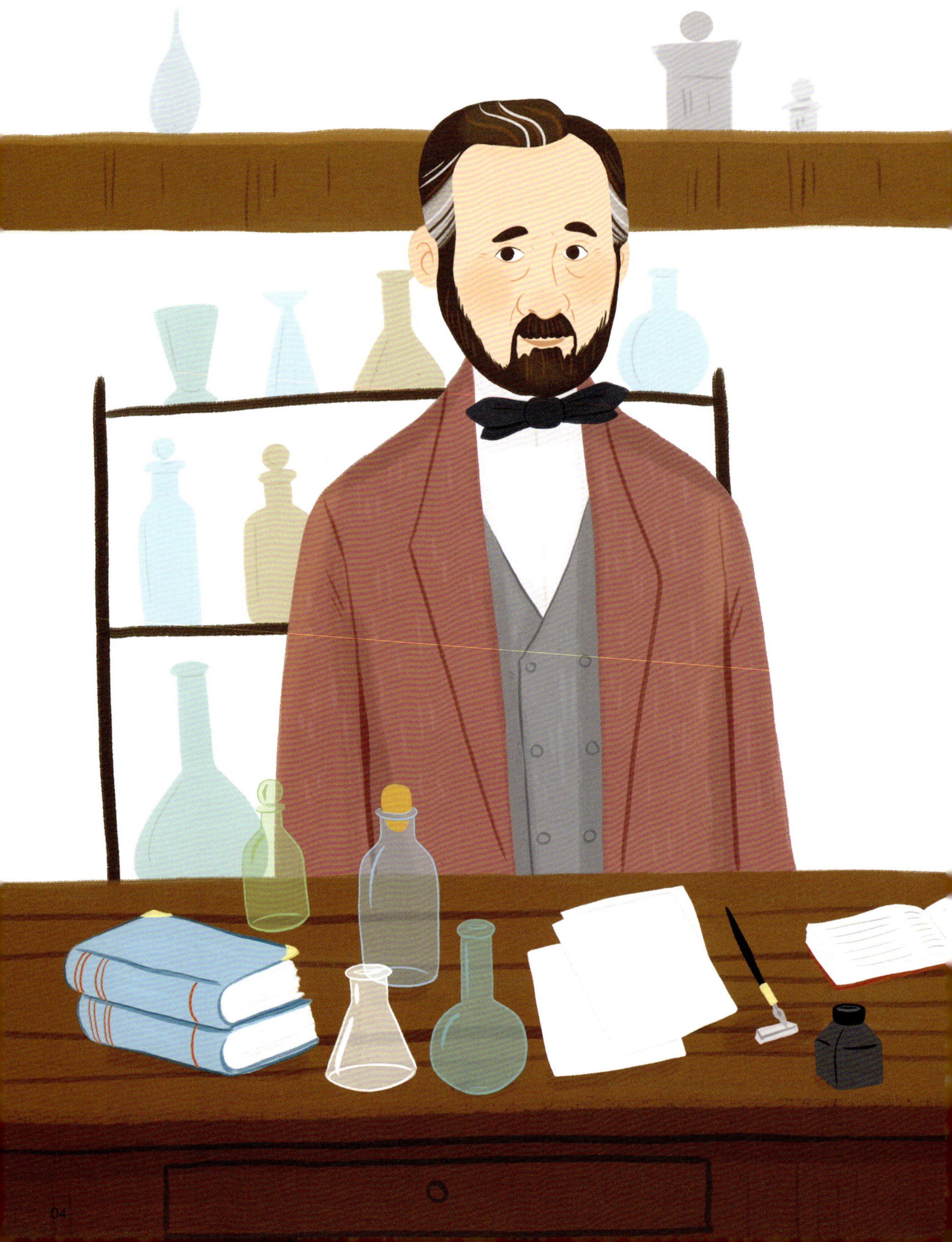

我的名字叫路易·巴斯德，人们都称我为"微生物学之父"。我毕生致力于微生物、细菌和病毒的研究。

我发明了第一支疫苗并打败了许多可怕的疾病，请跟我一起踏上这段奇妙的旅程吧！

1822年12月27日，我出生在法国东部侏罗山区的多尔，该区如今被称为勃艮第-弗朗什-孔泰大区，离瑞士边境很近。我的家庭并不富裕，我的父亲让·巴斯德是一名皮革工人，是参加过拿破仑战争的一名老兵。我是家里5个孩子中的一个。

法国

多尔

07

我在阿尔布瓦镇开始了我的学业,在贝桑松皇家学院读中学。1842年,我获得了文学与科学文凭。

后来，我进入了巴黎的大学。系主任发现我是个有才华的学生，因此他建议我申请著名的巴黎高等师范学校。

虽然我以第十四名的成绩被录取,但我对自己的成绩并不满意,于是我下决心更努力地学习。第二年,我名列第三。1847年,我完成了两篇论文获得了博士学位。

我的工作和研究都与巴黎高等师范学校密切相关，巴黎高等师范学校是一所名牌大学，那里有一个研究实验室就是以我的名字命名的。

在获得博士学位以后,我花了很多时间分析酒石酸中晶体的形式和特性。酒石酸是葡萄酒在发酵的过程中形成的物质。

我的研究为立体化学的发展奠定了基础，立体化学是研究分子的结构及其性质的一门学科，在医药领域一直非常重要。

之后我成为斯特拉斯堡大学的一名化学教授。我在这儿遇到了大学校长的女儿玛丽·劳伦。

我爱上了她，我们在 1849 年结婚。玛丽对化学也很感兴趣，每天晚上，她协助我搞科研。我的妻子不仅是我生活中的伴侣，而且还是我的得力助手。

我们有 5 个孩子，但不幸的是，其中 3 个在很小的时候就死于伤寒。失去孩子是我花了这么多年寻找传染病治疗方法的原因之一。

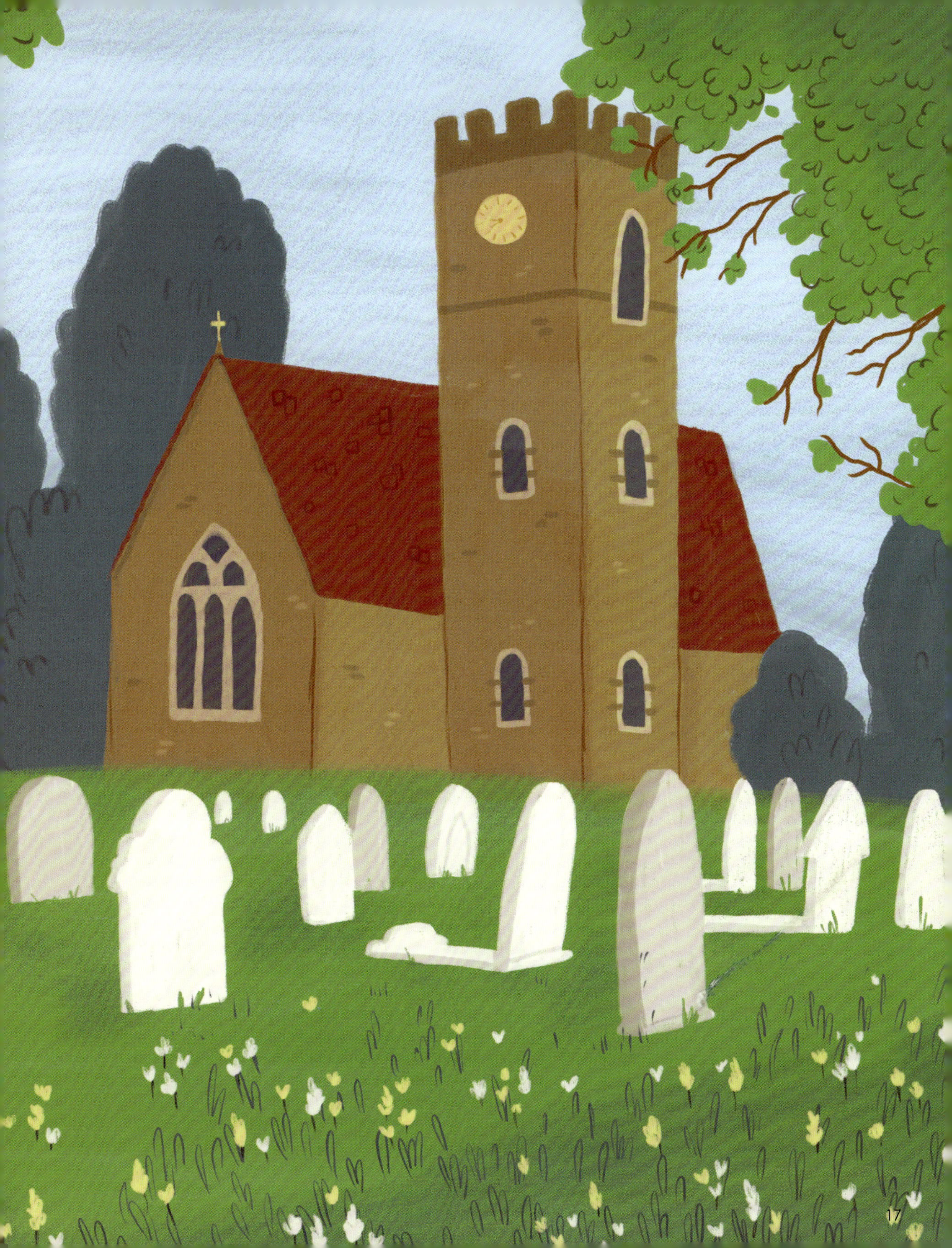

1854年，当我迁居到里尔时，我开始研究酒精发酵（还分析了待发酵的葡萄汁转化为葡萄酒的过程）。即便三年后我成为了巴黎高等师范学校科学研究院主任，也仍然继续着这些研究。我开始在这一领域的工作是因为一些葡萄酒生产商问我，为什么他们的葡萄酒在装瓶前有些会变酸，无法饮用。

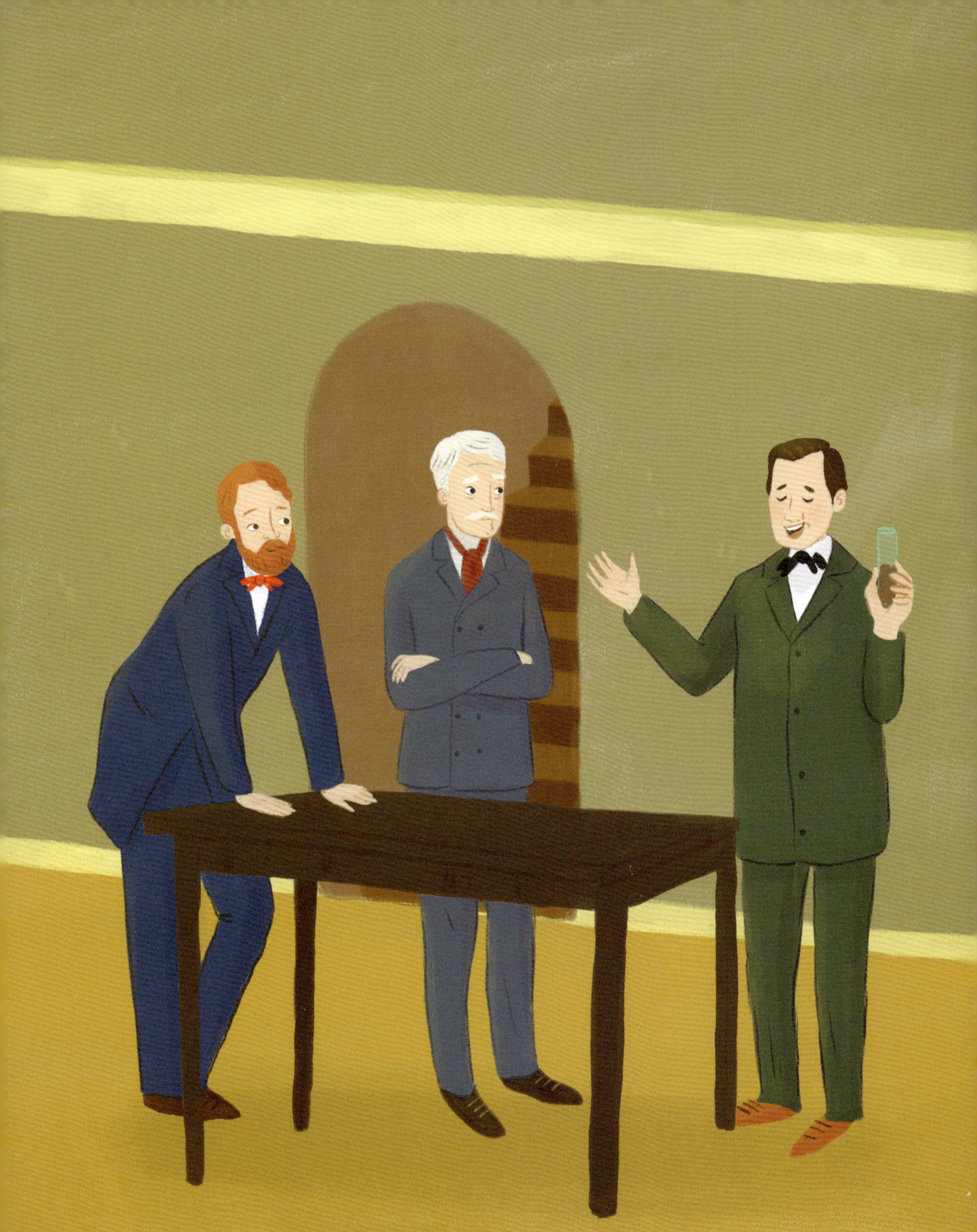

一般来说，葡萄酒是通过在酒（待发酵的葡萄汁）中添加酵母而制成的，发酵时间一般在几个星期左右。在我开始研究这个发酵的过程之前，没有人分析在这段时间里葡萄酒发生了什么变化。

我认真分析了发酵的过程,发现发酵与被称为"酵母"的特定细胞的发育有关。

当时,人们认为食品变坏或变酸是由于微生物在食品内部自然形成的。这一理论被称为"自然发生说"。1861年,通过观察酵母我发现生命是由不断繁殖的活的微生物产生的。

23

现在，我所要做的就是找到一种方法来清除破坏葡萄酒发酵的细菌。1862年，经过一系列的实验，我发现了一种能杀死许多细菌的方法：只要在装瓶之前，把葡萄酒、啤酒、牛奶等液体加热到大约140华氏度（即60摄氏度）就可以了。这个方法至今仍被应用于食品杀菌。为了纪念我，这个杀菌过程被称为"巴氏杀菌法"。

25

这些发现让我名声大振。在接下来的几年里，我继续自己的研究，还邀请了许多杰出的年轻科学家到我的实验室工作。1864年，我中风很严重，我的研究也因此受到了阻碍，是这些年轻科学家帮我渡过了难关。

虽然身体上的不适阻碍了我后半生的发展，但我进行的实验却极大地促进了医学的发展。它们在防治传染病方面尤为重要。传染病过去是而且在某种程度上目前仍然是人类历史上导致死亡的主要原因。

1879年，我们找到了一种削弱细菌的方法，能使动物和人类免于感染一些疾病。我们将研究重点放在一种由动物传播的特定疾病——狂犬病上，它是当时致死率极高的一种疾病，很多人都深受其害。

1885年，我和我的助手埃米尔·鲁一起在人体上试验抗狂犬病疫苗。一个9岁的孩子和他的母亲来到了我的实验室。他被一条疯狗咬伤了。他的名字是约瑟夫·迈斯特，很害怕打针。

为了让他相信没有什么好害怕的,我给他看狂犬病对动物的影响。他勇敢地同意了治疗。多亏了这支疫苗,他没有死,也没有感染狂犬病。

1886年3月1日，我向科学院报告，我已经给350人接种了疫苗，他们都是被疯狗咬伤的。这些人中只有1人死亡，349人幸存。至此，可以说狂犬病已经被战胜了。

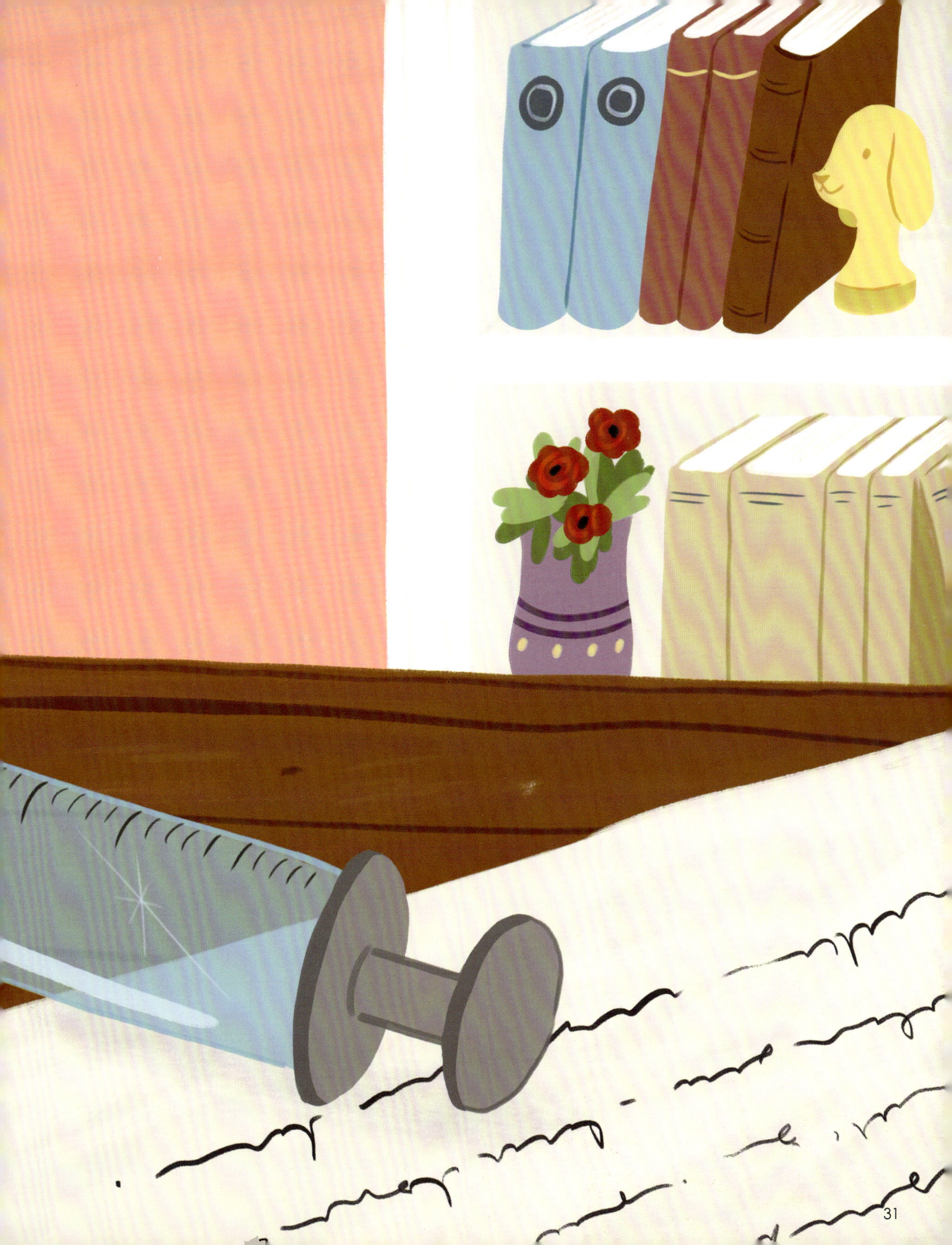

1887年，多亏了一笔国际捐款，我在巴黎创立了一个重要的研究所。我救治的第一个孩子约瑟夫·迈斯特就在那里工作。

巴斯德研究所
生物化学

路易·巴斯德

1895年，中风后我在马内斯-拉·科凯特离开了人世，我被葬在至今仍以我的名字命名的研究所里。

在我的一生中，我研究的是无限小的生物，在此之前没有人知道它们的存在。我的直觉和毅力让我拯救了数百万人的生命。

重视细节，坚持不懈，你就会取得伟大的成就。

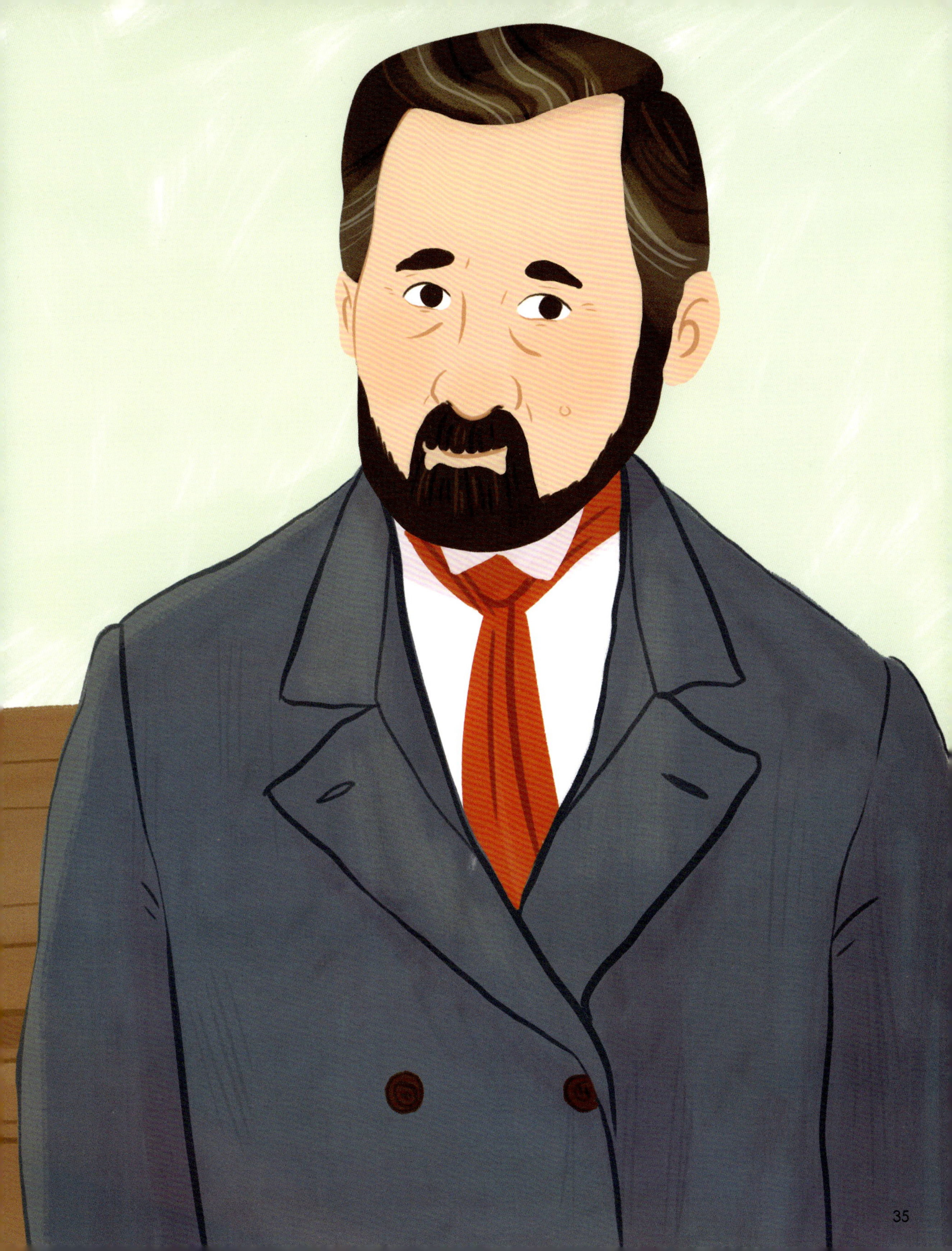

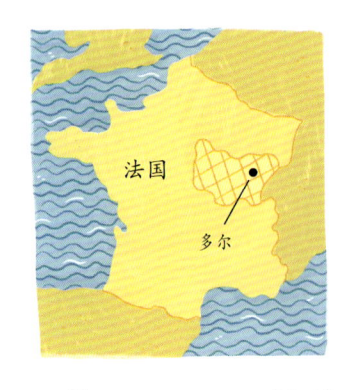

12月27日，巴斯德出生在法国多尔。

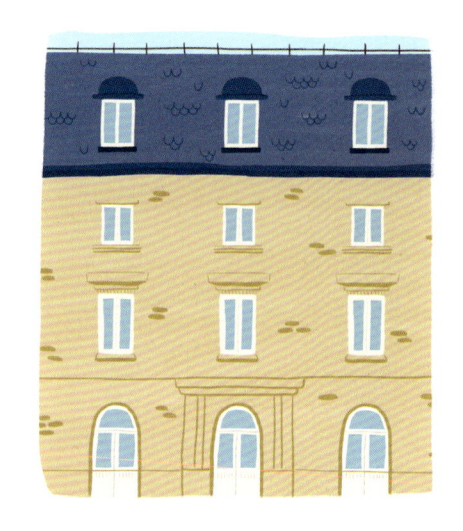

巴斯德获得化学和物理学博士学位。

1822

1847

1842

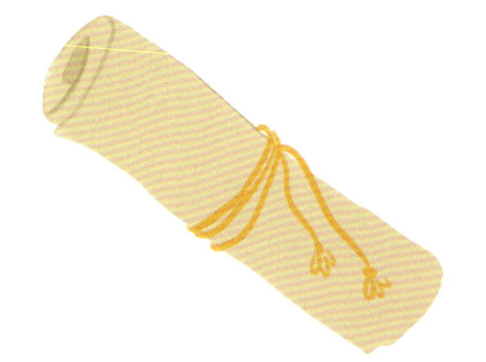

巴斯德获得文学与科学文凭。

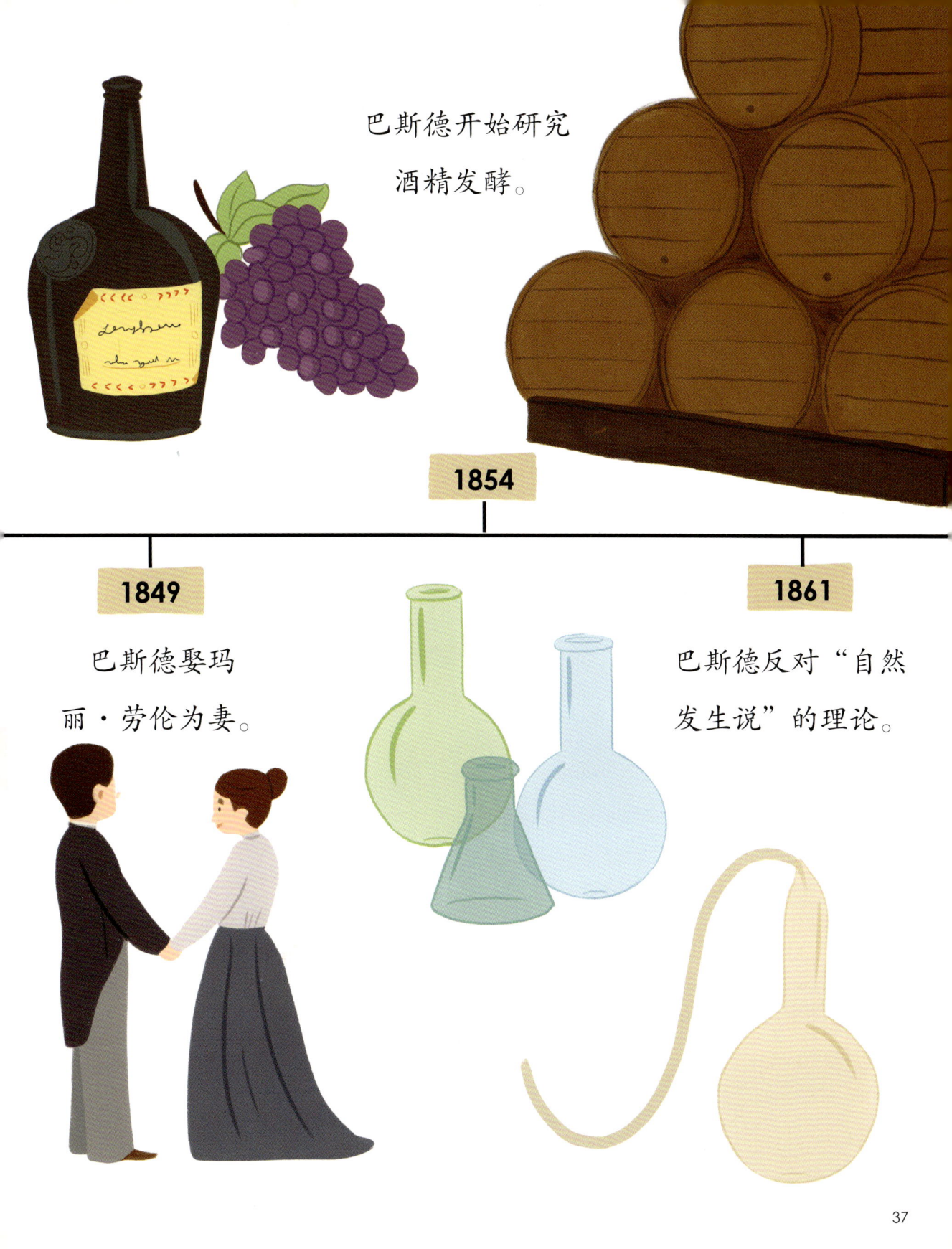

巴斯德开始研究酒精发酵。

1854

1849

巴斯德娶玛丽·劳伦为妻。

1861

巴斯德反对"自然发生说"的理论。

巴斯德发明"巴氏杀菌法"。

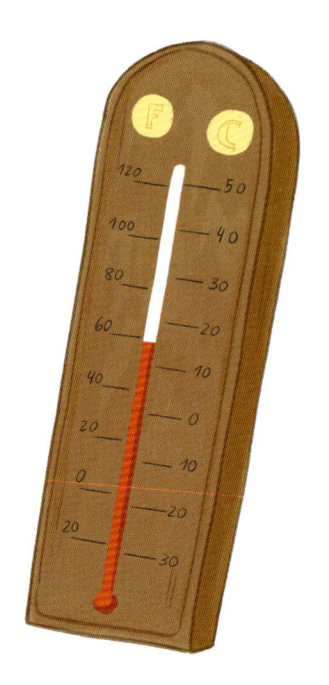

巴斯德提出了免疫的概念。

抗狂犬病疫苗

1862

1864

1879

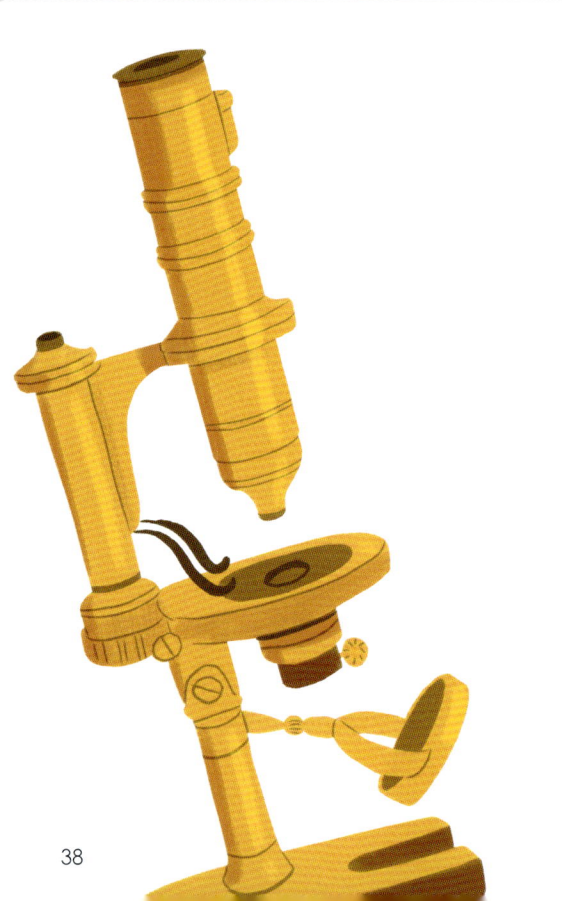

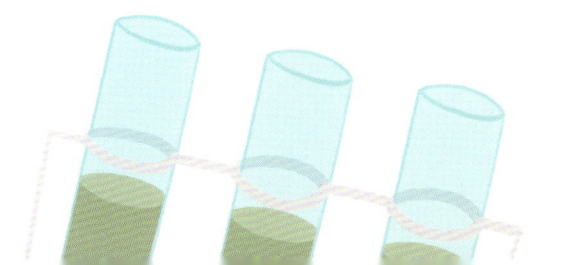

巴斯德中风。

巴斯德建立了一个以他的名字命名的研究所。

巴斯德研究所
生物化学

1887

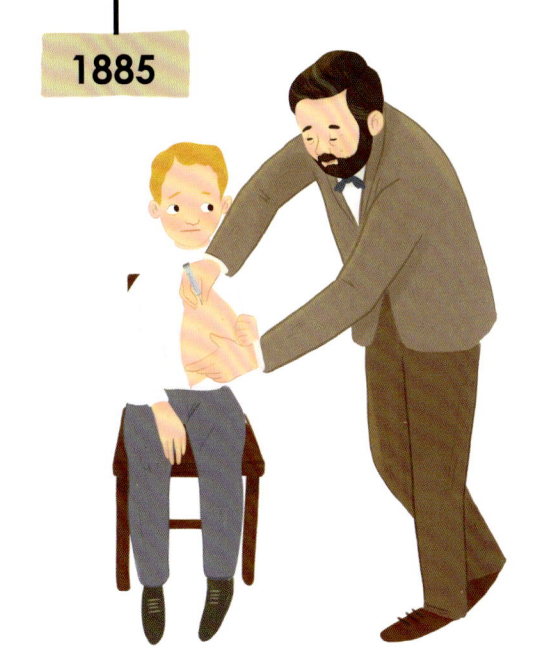

1885

巴斯德首次在人体上试验了一种抗狂犬病疫苗。

1895

巴斯德因中风在马内斯-拉·科凯特去世。

39

问题

问题 1：巴斯德在哪座城市开启了学习之旅？

问题 2：巴斯德在其博士论文中探讨的内容与哪些科目有关？

问题 3：在获得博士学位后，巴斯德开始分析什么？

问题 4：巴斯德的妻子叫什么？

问题 5：巴斯德是在什么时候开始研究酒精发酵的？

问题 6：巴斯德在 1862 年发明的杀菌法被称为什么？

问题 7：狂犬病是怎样传播的？

问题 8：第一个接种狂犬疫苗的孩子叫什么？

问题 9：1887 年巴斯德建立了什么？

问题 10：巴斯德是在哪里去世的？

42

答案

答案1：阿尔布瓦镇

答案2：化学和物理

答案3：酒石酸中晶体的形式和特性

答案4：玛丽·劳伦

答案5：1854年

答案6："巴氏杀菌法"

答案7：被患有狂犬病的动物咬伤

答案8：约瑟夫·迈斯特

答案9：研究所

答案10：马内斯-拉·科凯特